LA DÉFENSE DE SCHIRMECK

Pièce Alsacienne en 5 Actes

Par Ferdinand BRUNOT

(Essai de Théâtre National Populaire)

ÉDITIONS DE *FOI ET VIE*

48, rue de Lille, Paris

LA DÉFENSE DE SCHIRMECK

PERSONNAGES

M. Gicquel, vieillard centenaire, ancien industriel.
Mᵐᵉ Lisbeth Grandpierre, petite-fille de M. Gicquel, 45 ans.
Catherine Grandpierre, arrière petite-fille de M. Gicquel, 23 ans.
Emma Grandpierre, sœur de la précédente, 17 ans.
Frantz Ulrich, arrière petit-neveu de M. Gicquel, 20 ans.
Niedermann, maire de Schirmeck.
Champy, secrétaire du Conseil Municipal.
Braun, membre du Conseil Municipal.
Brocard, id.
Glasmann, id.
Griesmar, id.
Houssemand, id.
Muller, id.
Le Docteur Reiss, id.
Stoos, id.
Le pasteur Froehly.
Jean Renard, ancien des Anabaptistes.
Mˡˡᵉ Reiss, fille du docteur, 20 ans.
Marchal, cousin de Mᵐᵉ Grandpierre.
Mᵐᵉ Marchal, femme de M. Marchal.
Mᵐᵉ Cuny, fille de M. et Mᵐᵉ Marchal ; ses enfants.
Rosa Decary, ouvrière de tissage.
Pierre Durupt, schlitteur.
Lindeberg, voiturier.
Gendarme allemand.

Enfants, bucherons, schlitteurs, sagards, ouvriers et ouvrières de tissage et de filature.

Les quatre premiers actes se passent à SCHIRMECK *en septembre-octobre 1898, le cinquième en août 1914.*

ACTE PREMIER

L'EPOPÉE EN 1814

Le théâtre représente un grand « poile », moitié salle à manger, moitié salon. Vaste table couverte d'un tapis ; chaises, fauteuils ; un large fauteuil Voltaire pour l'aïeul. Dans un angle, un harmonium (1). Cheminée, ou mieux poêle en faïence avec tuyaux en serpent.

(1) Ou sinon, un piano.

Au mur, des gravures pieuses représentant la Cène, etc..; Portraits de famille. A la place d'honneur, un grand tableau : La Défense de Schirmeck (1).

Une porte, au fond, donne sur un perron, Une autre vitrée, à droite, donne sur un vestibule.

SCÈNE PREMIÈRE

CATHERINE, EMMA

Emma. — J'ai bien envie de la jeter au feu, cette brochure.

Catherine. — Tu as réfléchi, Emma ? Un envoi de ton fiancé ! Et puis, pourquoi la détruire ? L'empêcheras-tu d'exister, parce que tu auras supprimé ton exemplaire ?

Je suis d'avis au contraire de la conserver. Tout ce qui touche à la « Défense de Schirmeck », nous devons l'avoir chez nous, bon ou mauvais, vrai ou faux. C'est une pièce d'un précieux dossier.

Emma. — Ça ! une pièce ! Dis plutôt un pamphlet, un misérable factum.

Catherine. — Il est, malgré tout, fait avec un certain soin, et il contient des faits authentiques, que grand-père nous avait rapportés, et qui ne se trouvent pas ailleurs.

Emma. — Lesquels ?

Catherine. — Mais par exemple que ce sont des Badois et non des Cosaques qui ont attaqué Schirmeck, en 1814.

Emma. — Voilà une découverte ! Tout le monde sait ça.

Catherine. — Ici, peut-être. Mais vois le récit français le plus récent. Il a l'air de l'ignorer.

Emma. — Assurément, l'auteur du récit dont tu parles a mis trop de fantaisie dans sa narration. Mais c'était un amateur, non un historien de profession. Et en tous cas, il s'est efforcé de garder à l'affaire sa physionomie véritable et son importance réelle. Il n'a pas cherché de parti pris à grossir l'événement, tandis que cet Allemand prétend réduire à rien un épisode glorieux, qui est l'orgueil de notre pays.

(1) Schirmeck est une petite ville des Vosges, qui a été annexée, avec le reste de la vallée de la Bruche, en 1871. Cette vallée est de langue française.

Le tableau doit figurer un cimetière en pente autour d'une église. Des partisans, les uns en paysans, les autres dans des uniformes disparates, tirent par dessus le mur crénelé. Wolff, debout les domine. Le jeune Gicquel a une casquette de loutre, une veste à l'Alsacienne et une culotte courte. Les Badois essaient d'escalader le mur et de forcer la porte.

CATHERINE. — Que veux-tu ? Celui-là est victime, comme les autres, d'abord d'une certaine myopie naturelle, et puis des préjugés dont on emplit leurs cerveaux dès l'enfance. Ils prennent dans les Universités des méthodes admirables, de sorte, que tant qu'ils travaillent à ramasser des faits, avec leur patience infatigable ils font merveille Mais dès qu'il s'agit de les réunir ou de les interpréter, outre que leurs vues manquent trop souvent de portée, ce qui n'est pas leur faute, sitôt que l'honneur de l'Allemagne et des Allemands entre en jeu, leur jugement est obscurci par un chauvinisme d'une opacité impénétrable. C'est un rideau qui leur cache la vérité. Je ne dirai pas qu'ils ont la volonté de la trahir, ni même de l'arranger, non, ils sont incapables de la reconnaître, parce qu'elle ne leur est plus favorable. Des maîtres même tombent ainsi dans les pires erreurs. On comprend que les élèves...

EMMA. — Alors, tu excuses cela ?

CATHERINE. — Pas du tout, je te l'explique. C'est une aberration nationale de la vue. Dès qu'ils se regardent, les Allemands aperçoivent tout en beau. Il leur faudra une bonne catastrophe pour qu'ils s'habituent à mettre des lunettes orthochromatiques.

EMMA. — Espérons-la ! Surtout que pendant ce temps là, nos chers Français ne peuvent pas perdre l'habitude de se dénigrer entre eux.

CATHERINE. — Ils s'amusent tellement à se blaguer eux-mêmes.

EMMA. — Passe encore quand ils plaisantent. Chacun sait qu'il faut en prendre et en laisser. Mais dans toute leur littérature, au théâtre, le long des romans, ils découvrent des vices imaginaires, ils les exposent, les étalent, en font vanité.

CATHERINE. — C'est une coquetterie.

EMMA. — Il me semblait qu'on se faisait coquette pour paraître belle, dans l'intention de faire illusion.

CATHERINE. — Cette coquetterie-là est la plus simple, mais la plus risquée. Un jour ou l'autre, la nature paraît sous la poudre et les postiches, et alors la déception est grande ; tandis qu'un étranger, lorsqu'il va assez à fond pour connaître la vraie France, se sent tout humilié de s'être si lourdement trompé à son sujet, et, dans sa joie de l'avoir découverte, il ne l'en aime que davantage.

EMMA. — C'est égal. Sans imiter les procédés allemands, on ferait bien à Paris de ne pas trop compter sur la sagacité universelle. Vois ceux-ci, comme ils savent monnayer leur gloire. Une légion de hérauts trompettent à tout propos dans le monde entier la grandeur de l'Allemagne, sa force, sa science, sa vertu. Savants et commis-voyageurs rivalisent de zèle pour les faire valoir, dans tous les sens du mot. Et partout, les badauds se laissent prendre à ces boniments.

Car, il n'y a pas à dire, d'année en année, le commerce de l'Allemagne s'étend, son influence s'accroît ; l'ombre de l'aigle noire couvre maintenant une partie du monde.

CATHERINE. — Hélas !

SCÈNE II

LES MÊMES, GICQUEL

GICQUEL. — Qu'y a-t-il donc, mes chéries ? Il me semble que vous aviez une grande discussion.

EMMA. — Oh, elle est déjà finie, ou à peu près, grand-père.

GICQUEL. — Et à quel propos était-elle née ?

EMMA. — Mais à propos d'un livre que nous venons de recevoir de Strasbourg : « Les Vosges en 1814 ».

GICQUEL. — Et que dit-il, ce livre, qui te scandalise si fort ?

CATHERINE. — Si tu étais un autre homme, nous hésiterions à t'en parler ; mais comme nous te savons incapable d'avoir altéré, fût-ce d'un mot, la vérité, eh bien, nous pouvons te l'avouer. Ce récit ne se rapporte pas exactement à ce que tu nous as toujours raconté au sujet de la défense de Schirmeck.

Assurément, nous ne comptions pas trouver, dans un ouvrage allemand, un panégyrique des francs-tireurs de 1814 et de leurs hauts faits, du moins, nous espérions des renseignements exacts et nouveaux sur la défense de Schirmeck, sur Wolff, sur toi, grand-père. Nous nous réjouissions de te le lire, de te montrer ta vieille gloire enfin reconnue par l'ennemi lui-même, la résistance des Vosgiens devenue sinon un exemple, du moins un objet d'étude. Nous nous imaginions déjà le nom de Schirmeck sortant par là de l'histoire locale, pour entrer dans la grande histoire, auprès de ceux de Champaubert, de Montmirail.

GICQUEL. — Eh bien ?

CATHERINE (tristement). — Eh bien, rien.

EMMA (avec indignation). — Comment, rien ! Pis que cela ! Si le livre n'en parlait pas, de l'affaire, soit ! Mais il nie à peu près tout. Il n'y a eu qu'un simulacre de combat à distance, un salut au fusil, quoi ? Mais pas de défaite allemande. Les Badois n'ont eu en tout qu'un mort et trois blessés. Encore le mort a-t-il dû en revenir !

Pourquoi ne pas aller tout de suite jusqu'au bout, et prétendre que Wolff n'a jamais existé, ni toi non plus, que tu es un mythe, une légende ? L'auteur est du reste absolument sûr de son dire. Il a consulté à Carlsruhe les rapports authentiques des chefs allemands !

CATHERINE. — En tout cas, il y a un aveu formel de la défaite, c'est que le commandant s'est fait sauter la cervelle. C'est un texte, cela !

GICQUEL. — Certes. Il s'appelait Bodman. Il existe encore, du reste, des descendants des Allemands que nous avons dispersés, et qui se sont fixés dans les fermes de la montagne.

EMMA. — Ceux-là auraient pu le renseigner, le Herr Doctor. Mais pour lui, il n'y a probablement que les rapports écrits qui comptent. Il lui faut des documents officiels, catalogués. C'est un rat d'archives.

CATHERINE. — Les rats d'archives de tous les pays ont déjà commencé à renouveler l'histoire, ma chérie. Laisse les faire. Malgré tout, leur méthode est la bonne. Il faut seulement la pousser jusqu'au bout, et ne pas oublier qu'un document allemand, c'est comme une parole allemande, cela demande des garanties sérieuses. Et on ne peut pas exiger qu'un allemand en convienne.

EMMA (s'approchant de M. Gicquel). — Grand-père, en manière de compensation, racontez-nous toutes ces journées encore une fois.

GICQUEL. — Tu veux qu'on puisse dire que je rabâche, comme un vieillard.

EMMA. — Il n'y a que cela qui puisse effacer notre impression. Mais vous nous donnerez le plus de détails possible.

CATHERINE. — Vous ne voudriez pas nous laisser l'écrire, ce récit, ce témoignage authentique ?

GICQUEL. — Ah ! tu veux travailler pour les rats d'archives, comme dit ta sœur.

CATHERINE. — J'ai peut-être une autre idée.

EMMA. — Vous consentez, dites, grand-père ?

GICQUEL. — Allons. Si je manque ou si j'en passe, vous me « recorderez », comme on disait en ce temps là. Mais ma mémoire, si rebelle qu'elle soit maintenant, est restée fidèle à mes premiers souvenirs.

(Il commence son récit).

Les Alliés occupaient déjà une bonne partie de la France, quand on apprit que l'Empereur, victorieux en plusieurs rencontres, avaient envoyé des chefs pour soulever le pays et couper la retraite à l'ennemi. Le grand Wolff, un ancien officier d'artillerie, le frère de celui qui dirigeait les forges de Rothau, avait été nommé commandant des chasseurs du Bas-Rhin et des Vosges.

Dans les premiers jours d'avril, voilà que nous le voyons arriver avec quelques hommes par la route de Wisches, pendant que d'autres débouchaient du chemin du Donon. Dès le matin, dans tous les villages des environs, le tocsin avait sonné ; on avait lu une proclamation où Wolff nous appelait tous, grands et petits, pour la défense des défilés des Vosges. « Courons aux armes, disait le papier, n'importe lesquelles » ! Vous pensez l'effervescence ! Les vieux se croyaient revenus à 1792 : malgré leurs cheveux blancs, le capitaine Franck, qui avait été à Jemmapes, Kœniger, de Wilderspach, un ancien sergent de l'armée d'Egypte, nommé Moitrier, des chasseurs forestiers revêtent leurs anciens uniformes. Alors, en les voyant, le cœur nous a battu à tous. On souffrait tant de voir les kaiserlicks maîtres du pays !

EMMA. — Quel âge aviez-vous au juste, grand-père ?

GICQUEL. — Quinze ans et trois mois. — (Il reprend) : Il n'y avait pas beaucoup de fusils. Mais Wolff avait secrètement commandé à son frère de faire de longues piques. Ceux qui n'en avaient pas prenaient des faulx, qu'on attachait au bout d'un bâton.

Nous avons d'abord tenu un bon moment vers Herspach, et puis aux Carrières. Mais il fallut se replier. Alors, la nuit, nous avons gagné le cimetière. C'était une position très forte. Elle dominait la route de plus d'un mètre, nous avions la Bruche qui nous servait de fossé. On avait crénelé le mur et barricadé la porte avec des troncs d'arbre.

Malgré les obstacles, pendant que les dragons ennemis attendaient à l'arrière le moment de nous charger, les fantassins badois, après avoir tiraillé un moment, nous donnèrent l'assaut. Ils sont arrivés comme une vague frapper le rempart. Mais, comme disait Wolff, lui et nous, nous étions du bon granit des Vosges. On ne perdait pas beaucoup d'hommes, grâce aux abris, seulement la poudre s'épuisait, et nous étions si peu de monde !

Tout à coup, mon pauvre lieutenant Kœniger tombe à mes pieds. A partir de ce moment, j'étais comme affolé. Pour rien au monde, je n'aurais quitté son corps, que je couvrais. Notre vieux maître d'école, Didier, qui nous avait fait la classe, était tout près de moi. Pour nous encourager, tout en chargeant son fusil, il chantait la Marseillaise. Devant nous, Wolff ne bougeait pas. Debout, dominant tout de sa taille de géant, la tête nue, il brandissait son pistolet comme Kellermann son chapeau, à Valmy. Puis, de temps en temps, avec une espèce de grande carabine de rempart, qu'on conserve encore dans une famille du pays, il abattait un des chefs ennemis.

Emma (montrant le tableau) — Alors, bon papa, le cadavre qui est là, appuyé à une tombe, c'est bien celui de Koeniger. Et à votre gauche, l'homme qui charge son fusil, c'est Didier ?

Gicquel. — Oui.

Catherine. — N'interromps donc pas bon papa. Emma, tu feras tes questions après.

Gicquel (reprenant). — Pendant une demi-heure, notre situation fut critique. Mais, fut-ce d'avoir vu tomber un de leurs commandants, fut-ce l'effet d'un feu de peloton que Wolff avait ordonné, toujours est-il que le gros des assaillants fait volte-face. Alors Wolff nous fait signe, nous sautons par dessus le mur, et nous nous ruons, à l'arme blanche, sur les derniers qui restaient. Les voilà qui se sauvent à leur tour. Nous courions comme des furieux. En avant, le forgeron Hatzig bondissait sur les Allemands à coups de couteau. Je lui en ai vu tuer trois. Les cavaliers n'essayèrent pas de charger ; eux aussi, pris de panique, tournèrent bride.

Ce fut une fuite éperdue le long de la route jusqu'à Russ. Seulement, nous n'étions pas en nombre pour une poursuite. Ah ! si nous avions eu quelques pièces d'artillerie, ou seulement un ou deux des escadrons de dragons qui avaient logé à Schirmeck quelques mois auparavant ! Mais ils étaient loin ! Nous étions joyeux tout de même. Nous nous sommes tous embrassés au cri de « Vive la France ! »

Malheureusement, quelques jours après, les Bavarois descendaient de Saales au secours des Badois. Ils avaient ordre d'en finir avec la misérable poignée de paysans qu'ils avaient devant eux. Ils amenaient de grosses forces et du canon. Nous allions être pris comme dans une souricière. Wolff, qui était un grand cœur, nous a dit : « Mes enfants, nous risquons d'être cernés. Je n'ai ni vivres, ni munitions pour des centaines d'hommes. Alors, vous allez rentrer. Moi, je reste. Je garde dix volontaires avec lesquels je ferai la guerre d'embuscade dans les forêts. » Et il est parti dans la direction du Donon, rejoindre ceux de la Sarre

Je n'étais pas parmi les dix qu'il avait choisis, naturellement. Je n'avais que quinze ans, et je savais à peine charger un fusil. Je m'en suis donc retourné à la maison, sans une égratignure. Je n'avais eu que mes habits déchirés. Par exemple, je les ai toujours gardés en souvenir. Vous avez peut-être remarqué qu'il y a du côté gauche de la veste un grand trou. C'est un coup de baïonnette qui a manqué le cœur et qui n'a fait que me frôler.

Catherine. — Savez-vous, bon papa, que cette histoire des Volontaires des Vosges, c'est aussi beau qu'un fragment de la Légende des Siècles ? Ce Wolff, qui a tenu tête à toute une armée, c'était une façon de Roland.

Gicquel. — Pour Wolff, oui, aucun éloge n'est trop grand. Il avait une âme de héros. Jusqu'à la fin de 1815, il a tenu les bois des environs sans que rien pût le décider à se rendre.

Catherine. — Pourquoi ne ferait on pas apprendre une pareille épopée aux garçons du pays ?

Gicquel. — Ah, je devinais bien que tu pensais à tes petits élèves.

Catherine. — Oui, j'y songeais — étourdiment — car si les Allemands venaient jamais à savoir que je donne à de petits Alsaciens des textes aussi « subversifs » à étudier, ils m'interdiraient de continuer mes pauvres leçons, et, avant tout, il faut que j'enseigne aux enfants à parler français. C'est désormais mon rôle dans la vie, et je ne veux donner à personne l'ombre d'un prétexte pour me l'ôter.

(Elle se lève, embrasse son grand-père et sort.)

SCÈNE III

GICQUEL, EMMA

Gicquel. — Dis-moi, enfant, pendant que nous sommes seuls. Il me semble qu'il y a longtemps que tu n'as pas vu Frantz ?

Emma. — Vous avez trouvé le temps long, grand-père.

Gicquel. — Petite masque ! Eh bien, oui, j'aime à causer avec lui. Que veux-tu ? j'ai été tisseur. C'est moi qui l'ai fondée, cette industrie de la vallée, autrefois si prospère. Or, il n'y a guère que lui qui puisse la ranimer. Il a fait des études sérieuses à Mulhouse. Il va être en état de fonder des tissages et des filatures modèles. Car il n'en va plus comme de mon temps : autrefois, un bon contremaître devenait directeur, et puis patron. C'était difficile sans doute d'acheter et de vendre ; tout est difficile et la guerre d'Amérique nous a fait une situation terrible où nous avons failli tous sombrer.

Mais maintenant, je me rends compte qu'il faut tout savoir. La lutte d'outillage oblige un industriel à être perpétuellement en éveil. D'une année à l'autre, il peut se trouver dans l'impossibilité de fabriquer à bon prix et de soutenir la concurrence, s'il ne s'est pas tenu au courant. Nous autres, nous marchions à l'eau. Avec un bon charpentier, la roue tournait toujours, et elle entraînait tout le reste, à petit frais. A présent, il faut combiner la force hydraulique avec les machines à vapeur, être électricien, chimiste, bref, technicien en tout.

Et puis, les ouvriers se compliquent aussi, comme les machines. Autrefois, ils étaient contents de ce qu'on faisait pour eux. On vivait en état patriarcal.

EMMA. — Chez vous, grand-père, parce que tous devenaient propriétaires, que vous leur assuriez le repos de leurs vieux jours, dans une petite maison à eux, ce qui ne se faisait nulle part ailleurs qu'en Alsace.

GICQUEL. — On faisait ce qu'on pouvait, et ce qu'on devait.

EMMA. — Il y a tant de gens qui ne le font pas, ce qu'ils doivent, même quand leur devoir est clair, précis, manifeste ; vous, vous en étiez créé un, vous l'aviez inventé.

GICQUEL. — C'était peut-être plus facile que de le débattre avec les intéressés.

EMMA. — Sans doute, pour des gens de conscience comme vous, qui instituaient librement, spontanément, d'admirables œuvres. Mais il y en avait tant qui ne faisaient rien !

GICQUEL. — Tu as raison. Il existe entre ouvriers et patrons des devoirs réciproques, qu'il faut régler en toute équité. Quand la part de chacun sera bien établie, que justice sera faite, il restera toujours place pour les œuvres d'amour. Quand tu seras la femme de Frantz...

EMMA. — La femme de Frantz !... Il y a encore bien des difficultés.

GICQUEL. — Lesquelles ? Je croyais tout convenu, et j'ai tant de plaisir à lire tes rêves dans tes bons yeux, depuis quelques mois.

EMMA. — Alors, quand on croit que vous ne regardez pas, derrière vos lunettes ?

GICQUEL. — Oui, justement, j'ai les yeux fermés, et c'est là que je vois le plus clair ; je vous sens aller toujours plus près l'un de l'autre, et mon vieux cœur se réchauffe au voisinage de votre jeunesse.

J'ai eu tant de chagrins dans ma vie ! Sur ce long chemin, la limite de chaque étape est marquée par un tombeau. Mes fils, mes petits fils. votre père, mes sœurs, mes neveux, tout a disparu.

Sauf moi, il n'y a plus d'homme que Frantz dans la famille. Heureusement que c'est un si gentil garçon, mon Frantz !

(Emma se lève et l'embrasse chaudement).

Tu ne réponds pas. Est-ce que tu ne serais pas de mon avis ?

EMMA (toujours à son cou). — Oh, si ! Mais...

GICQUEL. — Mais quoi ?

EMMA. — Je vous dit tout, cher grand-père, aussi bien qu'à ma mère. Eh bien ! Frantz m'a fait un grand chagrin.

GICQUEL. — Lequel ?

EMMA. — A propos de vous. Cette brochure, c'est lui qui me l'a envoyée. Oh, il faudra qu'il m'explique ce qu'il a pu penser.

GICQUEL. — Mais rien du tout, mon enfant. Il ne l'avait pas lue. Ce n'est pas sa partie. Il aura vu le titre : « Les Vosges en 1814 ». Il a cru te faire plaisir en te la faisant parvenir, comme une curiosité.

EMMA. — Vous êtes sûr que ce n'était qu'une imprudence ?

GICQUEL. — Avoue, ma chérie, que c'est tout de même plaisant que ce soit toi qui soupçonnes ton fiancé et moi qui le défende.

EMMA. — Je ne soupçonne pas. J'ai peur. C'est que je vous aime tant, grand-père ! Notre amour a commencé par une commune piété filiale envers vous. Il en est né. Je ne sais ce qu'il deviendrait, s'il devait lui survivre, si Frantz allait renier ce culte...

GICQUEL. — Voyons, à quoi vas-tu penser ? Des fiancés qui se trouvent obligés de choisir entre deux tendresses, cela se voyait dans les tragédies, du temps de Corneille. Frantz est incapable, tu le sais bien...

EMMA. — N'est-ce pas, grand-père ? Oh, que j'ai bien fait de me confier à vous ! Cela m'a soulagée.

GICQUEL. — Allons, donne-la moi, ta brochure.

EMMA. — Vous voulez la lire ? Après tout, comme rien n'atteint votre sérénité. Tenez la voilà. Mais vous me la rendrez.

GICQUEL. — Tu y tiens donc ?

EMMA. — Catherine ne veut pas qu'on la détruise.

GICQUEL. — Tu l'auras demain, à une condition. Il n'en sera jamais plus question.

EMMA. — Soit.

Gicquel. — Et maintenant que le nuage est passé, allons dormir tranquilles.

ACTE DEUXIÈME
PARTIR OU SERVIR ?

SCÈNE PREMIÈRE
GICQUEL, EMMA. — MADAME GRANDPIERRE et CATHERINE rentrent du temple.

Gicquel. — Te voilà revenue du temple, Lisbeth ?
Madame Grandpierre. — Me voilà.
Gicquel. — Quelle tristesse de ne plus pouvoir t'accompagner !
Madame Grandpierre. — Il faudra que tu attendes le printemps, les matinées sont déjà très fraîches.
Gicquel. —, Combien vous êtes douces avec moi ! A un âge où on n'a plus droit qu'à des consolations, vous voulez m'entretenir d'espérances.
Catherine. — L'espérance est une vertu, grand-père, il faut la garder jusqu'au bout.
Gicquel. — L'espérance est une fleur des hautes cimes. Pour vivre, elle n'a besoin que d'une atmosphère supérieure de raison ou de foi. Quand elle meurt, c'est qu'on a voulu la tenir trop bas, attachée aux choses périssables.
Madame Grandpierre. — Cher père, tu es la sagesse faite homme.
Gicquel. — Ma vie est finie, je vous la distribue en souvenirs.
Catherine. — Non, en inoubliables leçons.
Gicquel. — Des leçons ! je voudrais encore aller en prendre à la source divine. Je l'aimais tant, ce temple !
Madame Grandpierre. — Aussi bien, c'est un peu ton œuvre.
Gicquel. — Je ne sais, mais il m'a donné en tous cas une des grandes satisfactions de mon âge mûr. Auparavant, nous avions avec les catholiques une église commune.
Catherine. — J'ai entendu dire que tout se passait très bien.
Gicquel. — Sans doute, comme partout en Alsace. Nous vivions dans un mutuel respect. Pourtant, était-ce de ma part excès de délicatesse, je trouvais, moi, quelque chose de choquant, à voir tirer un rideau devant l'autel, les statues, les images des catholiques, comme s'il y avait eu là des choses à cacher. En outre, j'avais beau m'en défendre, j'éprouvais une véritable tristesse, à voir le dimanche les deux troupeaux se succéder, sans se mêler. Cela faisait penser à ces rencontres où un enterrement croise un baptême. Encore l'homme qui s'en va, l'enfant qui naît pour prendre sa place, c'est l'ordre normal de la vie. Tandis que cette succession de fidèles qui alternaient, mettant en présence les deux paroisses, mettait aussi en opposition les deux croyances, et c'était comme un renouvellement des luttes d'autrefois. Prêtre et pasteur avaient beau se serrer la main quand ils se rencontraient. Au lieu de nous rapprocher, cette promiscuité nous faisait sentir aux uns et aux autres nos divergences. A ne pas l'adorer de la même façon, on avait l'impression que ce n'était pas le même Dieu.
Catherine. — Il paraît que la cérémonie d'inauguration a été très belle, dans sa simplicité.
Gicquel. — Oh, oui !
Emma. — C'était vous qui étiez président du consistoire ?
Gicquel. — A l'ancienneté.
Et sur quoi le sermon aujourd'hui ?
Madame Grandpierre. — Sur les divertissements permis.
Gicquel. — Cela n'est plus de mon âge. — Et qu'a-t-on chanté ?
Madame Grandpierre. — Le psaume 79.
Gicquel. — Ah, oui ! La prière des vaincus ! Voudrais-tu me le chanter, dis, Catherine ?
Catherine. — Pas tout entier, je n'ai guère de voix aujourd'hui.
Gicquel. — Oh, un verset seulement.
Catherine. — Je vais essayer.

(Madame Grandpierre et Emma sortent. Catherine se dirige vers l'harmonium).

SCÈNE II
GICQUEL, CATHERINE
(La jeune fille chante en s'accompagnant à l'harmonium).

Les ennemis sont en ton héritage ;
Ils ont souillé, Seigneur, par leur outrage,
Ton Temple saint. Jérusalem détruite
En un monceau de pierres est réduite.
Ils ont donné les corps
De tes serviteurs morts
Aux corbeaux de la plaine.
Le juste, ami des lois,
Aux animaux des bois,
Fournit leur proie humaine

GICQUEL. — Oh, encore un verset, je t'en prie, Catherine.

CATHERINE. — Allons.

(Elle se remet à chanter).

Les prisonniers prient et pleurent sans trêve.
Jusqu'à ton ciel, Seigneur, leur cri s'élève,
Vois les vaincus, ceux qui lentement meurent,
Que ta bonté les sauve, qu'ils demeurent.
Nos maîtres dont l'orgueil
Insulte notre deuil,
Lèvent trop haut la tête.
Fais-leur enfin, fais-leur,
En des cris de douleur
Changer leurs chants de fête (1).

GICQUEL. — Merci, Catherine, tu as chanté ces deux versets, surtout le second, avec une émotion pénétrante.

CATHERINE. — Comment une Alsacienne pourrait-elle ne pas y mettre toute son âme ? Ce sont les mêmes angoisses qui prient et qui pleurent dans nos cœurs.

GICQUEL. — Oui, l'Ecriture a exprimé par avance dans des mots éternels toutes les douleurs comme tous les espoirs de l'humanité !

CATHERINE (se dirigeant vers la porte). — Vous permettez, grand-père, je reviens dans un instant.

(Elle sort).

GICQUEL (seul). — Serons-nous longtemps ainsi en exil, chez nous ? Oh, par moments, je me prends à envier ceux qui ont pu tout abandonner et partir. A les voir passer sur la route, avec leur pauvre mobilier entassé dans un misérable char à échelles, on avait les larmes aux yeux, et pourtant, ce sont eux peut-être qui ont choisi la bonne part.

Quel âge de misère ! Chacun fait suivant sa conscience, et personne n'est sûr de faire son devoir.

SCÈNE III

GICQUEL, entre FRANTZ.

GICQUEL. — Tiens, c'est toi, Frantz ! Nous parlions justement de toi, hier soir.

FRANTZ. — Bonjour, mon oncle.

___
(1) La musique est celle du Psautier protestant, c'est la vieille musique du XVIe siècle.
Le texte du 1er verset est rajeuni de la traduction de Marot.
Le texte du 2e, qui ne se chante pas dans la liturgie protestante, est une version libre de la Bible.

GICQUEL. — Bonjour, mon ami. (Il le fait asseoir). Viens un peu plus près de moi. Mes oreilles ne sont plus aussi fines. Et il n'est pas facile de leur mettre des rallonges, comme on met aux yeux.

FRANTZ. — Mais on pourrait voir cela. Il existe des appareils...

GICQUEL. — Et les affaires ?

FRANTZ. — Euh ! Vous savez, les affaires, elles ne vont jamais. Elles ont été, elles iront, elles allaient, elles iraient, mais avec ce sujet-là, le verbe aller n'a point de présent, comme on dit dans les grammaires.

Je pense tout de même monter, un jour ou l'autre, une grande filature, d'au moins 200.000 broches, pour filer les numéros fins, que nous sommes obligés d'acheter en Angleterre. Seulement j'attends.

GICQUEL. — Tu attends quoi ?

FRANTZ. — J'attends la solution de cette sempiternelle question du canal latéral à la Bruche. Pensez mon oncle, que la tonne de marchandises, rendue à quai à Strasbourg depuis Rotterdam, n'est pas grevée de plus de cinq francs de port. Si nous pouvions avoir un pareil outil de travail. Quelle économie sur nos transports de coton !

GICQUEL. — La question est de savoir si les péniches trouveraient du fret de retour.

FRANTZ. — Sans aucune difficulté, il y a les trapps, les granits, les bois de la montagne. Du reste, il existe des monceaux de rapports là-dessus, tous favorables. Mais j'ai le sentiment que ce n'est pas cet obstacle qui arrête les autorités allemandes. Ce sont des raisons politiques. Tant qu'on votera en masse pour la protestation, pour un Liebermann !

(Silence de Gicquel).

SCÈNE IV

LES MÊMES. Entre EMMA

FRANTZ. — Bonjour, Emma.

EMMA. — Bonjour, Frantz. Tes sœurs vont bien ?

FRANTZ. — Oui.

EMMA. — Tu nous les amèneras un de ces dimanches ?

FRANTZ. — Volontiers. Et ici, comment va tout le monde ?

EMMA. — Bien.

GICQUEL (se levant). — Allons, Frantz. Je te laisse avec quelqu'un qui t'intéresse plus que tout le monde.

SCÈNE V

EMMA, FRANTZ.

Frantz. — Le brave oncle, toujours aussi bon !
Emma. — Toujours meilleur, sans autre désir que de voir du bonheur autour de lui. Oui, il est devenu comme céleste. Son âme, au fur et à mesure qu'il avance en âge, se fait plus haute encore. Elle réfléchit tout en beau, comme l'eau pure des grands lacs de Savoie, où toutes les images sont baignées d'azur.
Il t'aime tant, Frantz, il me le disait encore hier.
Frantz. — Et toi, Emma, m'aimes-tu toujours ?
Emma. — A quoi bon le demander ?
Frantz. — Mais peut-être pour te l'entendre dire.
...Il faut que je te montre un plan que j'ai fait pour la reconstruction de Barembach.
(Emma ne répond pas).
Cela n'a pas l'air de t'intéresser ?
Emma. — Si......
Frantz. — J'ai même tracé notre jardin. Il y a autant de douceur à préparer son nid qu'à s'y installer.
Pourquoi ne réponds-tu rien ? C'est là que tu vivras avec moi. Tu me l'as promis.
Emma. — Pardon, Frantz. Je t'ai promis de vivre avec toi, oui, de vivre à Barembach, non. Tu es décidé à y rester, toi ?
Frantz. — Quelle question !
Emma. — Alors nous serons Allemands, toujours. Et les enfants ?
Ecoute, Frantz. C'est là une chose si grave que nous ne pouvons pas la discuter seuls. Voici justement maman qui descend.

SCÈNE VI

LES MÊMES, MADAME GRANDPIERRE, CATHERINE

Frantz. — Bonjour, ma tante.
Madame Grandpierre. — Bonjour, Frantz.
Frantz. — Bonjour, Catherine.
Catherine. — Bonjour, cousin.
Frantz. — Ma tante, vous arrivez bien à propos. Je n'osais pas vous déranger, mais Emma et moi, nous avons à vous consulter.
Madame Grandpierre. — Ah ! Sur ?
Frantz. — Sur nos plans d'avenir, naturellement.
Emma. — Oui, j'ai souvent réfléchi, mais je n'ai jamais osé t'en parler, maman, et tout-à-l'heure, j'avais peine encore à le dire à Frantz. Certes, ce me sera cruel de vous quitter tous, néanmoins, je ne voudrais pas passer ma vie ici, en pays annexé.
(A Frantz) : Si tu demandais un permis d'émigrer ?
Frantz. — Emigrer, où ?
Emma. — Comment, où ? En France, bien sûr !
Frantz. — Mais où aller en France ?
Emma. -- Le plus près possible. A Saint-Dié, à Epinal, à Thaon, comme tant d'autres. Avec l'instruction technique que tu as, tu te ferais une situation magnifique.
Frantz. — Chez les autres.
Emma. — Tu t'imposerais à eux, et ce serait bientôt les autres qui seraient chez toi, chez nous.
Frantz. — Alors, tu sacrifierais huit, dix années de bonheur assuré, pour une pauvre année que j'ai à faire, au lieu de rester là où il semble que la destinée ait tout préparé pour nous ?
Au reste, il est trop tard. Pour obtenir un permis d'émigrer régulier, il faut n'avoir pas dix-sept ans.
Catherine. — On émigre sans permis.
Frantz. — Alors c'est l'amende, la saisie des biens, l'impossibilité de rentrer jamais, l'exil à perpétuité.
Et mes sœurs, que deviendraient-elles ?
Madame Grandpierre. — Pauvres petites !
Catherine. — Elles iraient vous rejoindre.
Frantz. — Un garçon comme moi a la charge, non seulement de lui-même, mais de tout ce qui l'environne, de ses ouvriers, des intérêts de tout un pays. Les usines de Barembach attendent un chef. Le vieux directeur ne peut plus suffire longtemps, il faut que je sois là.
Catherine. — Alors, l'émigration, c'est l'héroïsme des sans-le-sou !
Madame Grandpierre. — Tu vas trop loin, Catherine. Tu oublies que moi aussi, j'ai dû rester, ainsi que ton père, pour ne pas déplanter un vieillard. Quand on a charge d'âmes...
Catherine. — Mais maman, ce n'est pas la même chose. Papa avait passé l'âge de toute obligation militaire. Et puis on pouvait espérer, dans les premières années, vivre chez soi en hommes libres ; maintenant l'expérience est faite.
Frantz. — Réfléchis, Catherine, au lieu de t'emporter. Oui, c'est une faute de partir. Si nous quittions tous, l'Alsace serait à eux, sans opposition, sans lutte, pauvre ruche abandonnée, où les frelons n'auraient qu'à entrer. Et où en trouverions-nous une autre qui vaille celle-là ?
Catherine. — Quand l'essaim s'en va hardiment, pour trouver un endroit où refaire son miel il ne cherche pas si loin, il lui suffit d'un tronc d'arbre

creux, d'une vieille cheminée dans une masure abandonnée. Dieu sait si je l'aime, ma chère Alsace ! mais si j'avais été un garçon...

FRANTZ. — Voyons, Catherine, parlons donc un peu raison et pas toujours sentiment ; c'est nous qui les vaincrons en restant ici ; tu vois bien que déjà nous les assimilons. Regarde le vieux Jean-Pierre, qui est à la gare, il dit : « nous autres Alsaciens ». Il parle notre patois des Vosges.

CATHERINE. — Tu sais ce qu'il parle, sais-tu ce qu'il pense ?

FRANTZ. — Il fait partie avec nous du groupe autonomiste.

CATHERINE. — Quelle mauvaise farce ! Autonomiste !

FRANTZ. Autonomiste, oui, c'est l'avenir. Nous n'abdiquons rien. Allemands de force, nous restons Alsaciens. Tôt ou tard, nous imposerons la reconnaissance de nos droits. Nous forcerons les résistances, nous serons un état libre.

CATHERINE. — Comme la Bavière ou la Saxe ! Naïfs. qui voulez vous tromper vous-mêmes. Regarde donc, Frantz, des villes comme Hambourg, Francfort, qui ont été libres, et qui passent peu à peu sous le joug. Et nous, qu'on courbe sous un bâton comme des bêtes, un beau jour on nous fera libres ! Par amour, sans doute ?

FRANTZ, — Non, par respect.

CATHERINE. — Et quand ce serait ? Ce jour-là, tout sera fini. L'Alsace aux Alsaciens ! Mais c'est l'Alsace allemande à jamais. Beau rêve, ma foi !

MADAME GRANDPIERRE. — Alors, tu vas faire ton volontariat, Frantz ?

FRANTZ. — Oui. (Un silence).

Vous vous taisez, je comprends. J'ai bien souffert aussi avant de signer mon engagement. J'étais décidé, mais il y a des choses auxquelles on remet de penser. Il semble qu'on les écarte en n'y songeant pas, comme les vieilles femmes qui ne nomment pas le diable pour ne pas le faire venir.

Tout de même, j'ai pris courage. Après tout, ce n'est qu'un an. Un an ! C'est long, mais enfin cela se supporte, quand on se conduit bien.

CATHERINE. — Qu'appelles-tu ainsi ? Se bien conduire, pour vous autres volontaires, qui n'avez pas les corvées du soldat, qui logez en ville, qui n'êtes tenus qu'au service, c'est donc — je ne voudrais rien dire qui pût te froisser, Frantz — mais enfin cela ne peut pas être autre chose qu'entrer dans le rôle, dans les sentiments d'un bon soldat allemand. C'est changer de camp, d'âme, de race.

Et tu pourras faire cela, Frantz, tu pourras jurer fidélité sur le drapeau au double vautour, aux couleurs de deuil, d'argent et de sang ?

EMMA. — Frantz n'a pas dit cela.

CATHERINE. — Il faudra bien qu'il fasse comme les autres. Tu seras officier de réserve, sans doute ?

EMMA. — Catherine !

MADAME GRANDPIERRE. — As-tu pensé, Frantz, s'il y avait la guerre ?

FRANTZ. — Mais il n'y aura plus de guerre, ma tante.

MADAME GRANDPIERRE. — On nous répète pourtant que les Français n'ont à la bouche que le mot de revanche. C'est sous ce prétexte qu'on nous impose toutes les vexations, les passeports et le reste.

FRANTZ. — Peut-être. Mais ni l'un ni l'autre des deux pays ne la veut, la guerre, c'est un fait certain. Maintenant, on fait du service militaire à vingt ans, comme du latin à douze, en manière d'exercice.

EMMA. — Et où vas-tu en garnison ?

FRANTZ. Tout près, à Strasbourg. Il me l'ont promis.

CATHERINE. — Nous n'oserons plus y aller. Quand dois-tu partir ?

FRANTZ. — Bientôt, fin septembre.

MADAME GRANDPIERRE. — J'entends le grand-père qui descend. Pas un mot devant lui. Il a déjà bien pensé à cette question du service militaire. Seulement, comme il a vécu du temps des exemptions, il n'imagine pas que maintenant tous les jeunes gens y sont astreints, sans exception.

ACTE TROISIÈME

L'APOTHÉOSE DE L'AÏEUL

SCÈNE PREMIÈRE

GICQUEL, EMMA, MADAME GRANDPIERRE

On entend passer dans la rue des garçons qui chantent à la cantonade :

Quand il buvait son « wiedercome »,
C'était le plus heureux des rois.
Qu'un autre vénère
L'antique Bacchus ;
Moi je lui préfère
Le roi Gambrinus,
Qui fait dans nos verres,
Mousser, mousser,
Mousser la blonde bière.

(Emma va et vient en apportant des pâtisseries).

GICQUEL. — Mais que se passe-t-il donc ? Pourquoi tous ces préparatifs, grand Dieu ! Depuis hier, vous faites des montagnes de gâteaux.

EMMA. — Vous savez bien que c'est votre fête aujourd'hui, grand-père, et quelle fête ! un centenaire ! Il faudrait faire cent fois plus de gâteaux que pour une fête ordinaire.

GICQUEL. — Il faudrait alors avoir cent fois plus d'appétit.

EMMA. — Mais, grand-père, c'est aussi la fête patronale de la ville.

GICQUEL. — Vous n'avez pas invité toute la ville, tout de même ?

EMMA. — Bon papa, je ne peux pas vous dire, mais vous verrez, la fête sera très belle.

GICQUEL. — Je m'en réjouis pour vous, mes enfants, ces journées-là sont si tristes maintenant, avec leur fausse gaieté !

(A Madame Grandpierre). Pauvres filles ! Toujours courageuses et vaillantes ! Elles en sont pourtant souvent réduites à danser entre elles. Et, on a beau dire, ce n'est pas la même chose. On n'y va pas du même cœur.

SCÈNE II

LES MÊMES. CATHERINE

(2 heures sonnent à l'église. On entend sonner à la porte du dehors. Pendant qu'Emma ouvre la porte extérieure, Catherine ouvre celle du vestibule à deux battants.

Entrent deux ouvriers et deux ouvrières endimanchés. Le premier porte une bannière verte, sur laquelle est représentée en broderie une petite maison, entourée de son jardinet. De chaque côté, un trophée de fuseaux et de cannettes. En exergue : « Société des Maisons ouvrières de la vallée de la Bruche. 1863 ». Une des femmes, Rosa Décary, déploie un rectangle d'étoffe de coton, tissée au Jacquard, le présente à Gicquel.

ROSA DÉCARY. — Au nom de toutes les familles ouvrières, M. Gicquel, nous vous apportons ce modeste morceau d'étoffe, où est figurée, comme sur notre bannière, la première de nos maisons. Tous, dessinateurs, metteurs en carte, ourdisseurs, filateurs, tisseurs, teinturiers, apprêteurs, ceux de la préparation et ceux du finissage, ceux de la chaîne et ceux de la trame, nous avons fait de notre mieux pour représenter tout au juste ce premier des asiles que nous vous devons, où nous autres, les jeunes, nous avons reçu la vie et où nos parents ont trouvé la paix et le bien-être.

Que cette image, placée chez vous, vous rappelle ceux que vous ne pouvez plus visiter comme autrefois, mais qui, eux, n'oublieront jamais vos bienfaits.

(Gicquel s'avance et remercie. A ce moment Emma ouvre à un nouveau groupe : Les Anabaptistes du Ban de la Roche. Ils ont aussi une bannière, bleu de ciel : Une croix, et au-dessus deux mains qui se serrent fraternellement.

Un ancien, Jean Renard, long habit sans boutons, chapeau de curé sous lequel tombent de longs cheveux blancs, marche en tête. Il tient à la main une bible in-f°, couverte en bois de hêtre. Sur le plat un grand sapin qui domine une forêt.

Il s'avance vers Gicquel.

JEAN RENARD. — Les Anabaptistes du Ban de la Roche m'envoient vers vous, mon cher Gicquel, en ma qualité d'Ancien, pour vous remettre cette Bible. C'est une des premières qu'on ait imprimées en français. Nous l'avons gardée et sauvée de père en fils, depuis le temps où nos aïeux, traqués, mis au ban de l'Empire, l'ont apportée avec eux dans la montagne. Des générations d'hommes y ont lu la vérité, et trouvé la force. Pour vous la donner moins délabrée, un de nos marquaires (1) en gardant ses bêtes, lui a sculpté, de la pointe de son couteau, cette grossière couverture de bois. Le grand sapin qui domine le peuple des arbres, c'est vous, Gicquel, que l'âge et la vertu ont dressé au-dessus de nous tous. Nous étions presque des nomades, votre esprit de tolérance a obtenu que nous fussions une communauté, qu'on respectât nos croyances et nos mœurs. De pâtres épars vous avez fait en outre des producteurs associés dans une œuvre de travail aujourd'hui florissante. Moi qui suis le pasteur de ce peuple sans prêtres, je vous remercie d'avoir entendu l'ordre du Seigneur, et d'être venu vers celles qui étaient perdues des brebis de la maison d'Israël.

(Les deux vieillards se donnent l'accolade).

(Arrivent les schlitteurs (2), bûcherons, sagards (3), avec une simple pancarte sur carton : « Au Créateur de la Caisse d'assurances contre les accidents. » Un homme qui boite et s'aide d'une grosse canne, Pierre Durupt, marche en tête. Il est vêtu d'une blouse bleue, et tient à la main un bouquet de bruyère sauvage. Il ôte sa casquette et s'approche (4).

PIERRE DURUPT. — Nous aut(res), M(on)sieu(r) Gicquel, les ga(r)s de la monta(g)ne, nous (ne) avons

---

(1) Nom donné dans les Vosges, aux pâtres qui, sur les hauteurs, gardent les bêtes, font du beurre et du fromage.

(2) La schlitte est un traîneau sur lequel le schlitteur descend du bois ou de la pierre par des chemins spéciaux munis de rondins de bois où il pose le pied et qui s'appellent ravetons.

(3) Les sagards conduisent les scieries.

(4) Ce personnage parle la langue vulgaire du pays.

pas fait nos classes. Tout p(e)tits, (il) faut courir porter la soupe dans les coupes ou les carrières, et p(u)is on aime ça, d(e) trotter pieds nus su(r) les pierres, à dix ans on a d(é)jà des cornes sous les semelles, comme les chèv(r)es. Tout d(e) même, nous avons beau êt(re) ignorants, nous savons b(i)en qu'avant vous, dans not(re) métier, (il n')y avait pas d(e) pardon. Tant pis pourc(el)ui qui manquait le pied. La schlitte l(u)i passait d(es)sus. Si on y restait, on laissait les siens sans l(e) sou. Quand on en réchappait, qu'on étai(t) estropié, on (n')avait p(l)us qu'à mendier son pain. Asteure, grâce à la mutuelle q(ue) vous avez fait, on a une rente, on touche son d(r)oit, on est enco(re) des hommes. On vous remercie, et de bon cœur, là.

(Le groupe s'avance et serre la main à Gicquel.

Après cela, la fille du Docteur Reiss, précédant un groupe d'enfants, se place devant Gicquel et dit les vers suivants) :

MADEMOISELLE REISS. — *O père que cent ans ont*
 [fait moins vieux qu'auguste,
Nous saluons en toi notre ancêtre vivant.
Ce ne sont point des mots qu'emportera le vent,
C'est l'hommage d'un peuple; il est sincère et juste.

Regarde. Le vieillard tout ridé, l'enfant rose,
Hommes, femmes, tisseurs encor blancs de coton,
Durs schlitteurs, descendus de l'âpre raveton,
Tout le pays est là pour ton apothéose.

Jadis, près d'Oberlin, ce frère des apôtres,
Jeune, tu respiras l'air pur des grands sommets,
Et nourris d'idéal une âme, qui jamais,
Ne sut plus rester sourde à la plainte des autres.

Les deuils qui la frappaient la rendait plus sereine,
Homme par le conseil, femme par la bonté,
Héros à quinze ans, saint à trente, ta piété,
Sur le malheur vaincu régnait en souveraine.

Comme un pin où la hache a porté ses morsures,
Sans laisser voir son mal à son faîte encore vert,
Pleure un baume secret par son fût entr'ouvert,
Tu saignais ta pitié, sans montrer tes blessures.

Ce jour pour toi se lève en aube de victoire.
Le sage n'est jamais pour son œuvre indulgent,
Soit ! Mais il se connaît ! Aïeul au front d'argent,
Penche-toi sur ton siècle et souris à ta gloire.

EMMA. — Eh bien, grand-père, nous vous avions prévenu que la fête serait belle.

GICQUEL. — Oh, c'est trop, c'est trop, mes amis. Jamais je n'aurais imaginé... Vous m'amassez en une heure tout le peu de bien que j'ai pu faire ou faire faire au long d'une file interminable d'années, et ainsi il a l'air de quelque chose. Mais qui est-ce qui n'aurait pas une bonne pensée tous les dix ans ?

Pourtant, je vous remercie de vous rendre compte que je vous ai aimés. Laissez-moi encore vous serrer la main.

(Emma offre des pâtisseries. Gicquel se lève pour faire le tour des groupes. Il va d'abord à Mlle Reiss).

Vous mademoiselle, je voudrais bénir votre jeunesse et vous souhaiter bonheur. (Il l'embrasse).

Vous aussi, mes enfants, que la vie vous soit douce ! Merci.

CATHERINE. — Venez mes petits.

(On présente à boire aux hommes, on distribue aux enfants des gâteaux, des rubans Alsaciens, etc.).

EMMA (embrassant Mlle Reiss). — Chérie, quel talent tu as ! Ta parole est belle comme un chant. Oh, merci !

MADAME GRANDPIERRE. — Et moi ? (Elle embrasse à son tour la jeune fille). Et de qui sont ces strophes ?

MADEMOISELLE REISS. — On ne sait pas.

MADAME GRANDPIERRE. — C'est bon, nous réglerons cela plus tard.

(Les groupes sortent).

EMMA à Gicquel. — Ne partez pas, grand-père, ce n'est pas fini.

(On entend au dehors une fanfare qui joue des airs alsaciens).

SCÈNE III

(Après le départ des jeunes filles et des enfants, entrent le maire Niedermann, avec une dizaine d'autres hommes : Brocard, Houssemand, Griesmar, Champy, Stooss, le docteur Reiss, Glasmann. Ils sont précédés d'un drapeau alsacien, blanc et rouge, tenu par Braun. Le porteur roule précieusement le drapeau et le pose sur le piano).

NIEDERMANN. — On nous apprenait cela, au régiment, il ne faut pas que le drapeau touche jamais la terre.

(Les arrivants saluent les dames, et serrent la main de Gicquel).

GICQUEL. — Avant tout, vous devez avoir besoin de vous rafraîchir un peu, mes amis, il fait déjà chaud.

TOUS. — Oh ! Volontiers !

(Catherine sert du vin. Emma passe les gâteaux. On boit et on mange).

BRAUN. — Ah ! Il est bon.

STOOSS. — On dirait du Ribeauvillé.

GICQUEL. — Mais c'en est, et de l'authentique.

BRAUN. — Ah, ça vaut tous les Markfaeller dont on nous abreuve sous le nom de vins du Rhin.

BROCARD. — Oui, mais on ne peut plus en avoir, les Allemands raflent tout.

Houssemand. — C'est-à-dire que les vignerons leur fourrent toutes les piquettes, mais, quand on veut, on en trouve encore du bon. Seulement, il faut connaître les gens.

Braun. — Oui, on cache tout, maintenant, en Alsace, ce qu'on a, comme ce qu'on pense.

Stooss. — Il faut bien. On a toujours peur d'être dénoncé. On vit à huis clos !

Le Docteur Reiss. — Eh bien, on a tort. On exagère. Moi, je ne les crains pas. J'estime que nous avons trop peur d'eux. C'est pour cela qu'ils se montrent si insolents.

Aux dernières manœuvres, je vois entrer chez moi deux gamins d'officiers, tout frais émoulus de l'école des Cadets, monocle à l'œil. Ils s'installent en maîtres, et la bonne m'annonce qu'ils veulent absolument me parler, pour savoir ce que j'ai à leur offrir comme chambres. Je descends et il me vient une idée. Je fais apporter du madère. Nous trinquons. « Messieurs, leur dis-je, soyez les bienvenus ; j'aime beaucoup les officiers, j'ai deux de mes fils officiers dans l'armée française ».

Si vous les aviez vus faire demi-tour ! Ils n'ont pas demandé leur reste.

Braun. — Et vous n'en avez plus entendu parler ?

Reiss. — Non.

Braun. — Oh, vous êtes un homme considérable et considéré, on vous ménage, vous.

Stooss. — Souvent, il n'y a pas besoin d'en faire tant pour être sur la liste noire.

Houssemand. — Oui. Du kreisdirektor au dernier garde-champêtre, militaires, civils, femmes, enfants, dans cette race-là, il y a autant de mouchards que de têtes.

Figurez-vous que je voulais vous amener mon neveu Pierre.

Gicquel. — Il va bien ?

Houssemand. — Mais oui. Il était arrivé hier matin. Or, à peine avait-il posé son chapeau que le gendarme est venu, et l'a prié de reprendre le chemin de la frontière : « Auf dem Augenblick » ! Il avait été dénoncé. On ne lui a même pas laissé embrasser sa grand-mère.

Le Docteur Reiss. — C'est vrai que le régime d'oppression devient de plus en plus odieux. Je soigne la mère Kœnig, elle n'en a plus que pour quelques jours, la pauvre femme ! Eh bien, son fils qui est à Raon-l'Étape ne peut obtenir l'autorisation de venir lui fermer les yeux.

Braun. — J'ai entendu raconter un trait encore plus révoltant que cela, l'autre jour à Saales. Figurez-vous qu'une femme de Saulxures se présente à la douane avec un nourrisson dans les bras. Elle avait ses papiers parfaitement en règle. « Bien, lui dit le gendarme, passez. Mais cet enfant-là n'est pas porté sur le passeport. » — « Voyons, Monsieur, lui dit la femme, il n'a que quatre mois ! Il ne sait pas parler, il sourit encore aux anges. Il ne peut pas être un danger pour l'Allemagne. C'est une mauvaise plaisanterie. » — « Pas du tout, c'est la règle, très sérieuse, et irrévocable. Vous pouvez aller seule, mais personne avec vous. » Et ils n'ont jamais voulu en démordre.

Gicquel. — De pareilles abominations ne peuvent être que des excès de zèle de fonctionnaires subalternes. Il est impossible que l'Allemagne, si elle le savait, puisse approuver des actes si contraires à l'humanité.

Champy. — Mon cher Gicquel, vous voyez tout avec vos yeux de chrétien.

Houssemand. — C'n'a me po tojo (1) !

Gicquel. — Parlez donc français, Houssemand. Que dites-vous ?

Houssemand. — Je dis : Ce n'est pas pour toujours. Excusez-moi, mais c'est plus fort que moi ; quand je suis en colère, eh bien, le français, ça ne sort pas assez vite. Je ne suis pas de la ville, moi, comme vous. Je n'ai guère été qu'à l'école de Fouday, et, dans notre maison, personne ne parlait d'autre langue que notre patois lorrain.

Gicquel. — Ah, oui, les Français ont peut-être eu tort de ne pas être assez exigeants sur ce chapitre. Mais, en respectant la liberté, ils se faisaient aimer.

Niedermann. — C'est pas de tout ça, Messieurs, nous ne sommes pas venus ici pour bavarder, mais pour souhaiter la fête de M. Gicquel. Et c'est nous qu'on fête ici. Il ne faudrait pas intervertir les rôles. Allons, Monsieur le Secrétaire, à vous la parole, d'abord.

(Tous les personnages posent leurs verres, et font cercle autour de Champy et de Niedermann. Braun déploie le drapeau. Gicquel et sa famille sont en face.

Champy. (Il sort un papier ministre, et lit). — A l'occasion de l'anniversaire du vénérable François Gicquel, qui va atteindre ses cent ans, le Conseil municipal de Schirmeck, voulant honorer à perpétuité en lui l'homme qui depuis un siècle a été, dans sa vie publique et privée, l'honneur et l'exem-

(1) Proverbe en patois, expliqué par la suite.

ple de ce pays, voulant reconnaître aussi les immenses services qu'il a rendus à sa ville natale,

A décidé, à l'unanimité, de donner le nom de François Gicquel à la Grand'Place de la Ville.

Copie de cette délibération sera lue et portée à l'intéressé le jour de sa fête par une délégation du Conseil Municipal.

Fait à Schirmeck, le 15 octobre 1898.

Le Maire,
Niedermann.

Pour copie conforme :
Le Secrétaire,
Champy.

Champy. — A vous maintenant, Niedermann.
Niedermann. — Attendez, je mets mes lunettes.
(Il tire un papier et commence) :

Cher et vénéré ami,

Comme maire, il est de mon devoir...
(Il s'essuie les yeux, puis frotte ses lunettes avec son mouchoir, et les rajuste).

Non, t(e)nez, j(e) peux pas m'empêcher d(e) pleurer j(e) pourrai jamais lire ça.

Eh bien, tant pis ! Je va(i)s vous dire tout simplement qu(e) nous vous aimons tous comme un père, M. Gicquel, tous, vous entendez bien, tant qu(e) nous sommes, les vieu(x) et les jeunes, tous les Français, bien entendu, et qu(e) ça ne mourra qu'avec nous.

Combien qu(e) nous sommes, dans la vallée, qu(e) nous (ne) serions rien sans vous. Si nous avons quat(re) sous pou(r) nous viv(re) (1) dans not(re) vieillesse, c'est tant vous ave(z) été généreu(x) avec nous. Ça fait qu(e) nous avons raconté c(el)a à nos enfants, et qu'i(ls) vous aim(ent) autant qu(e) nous-mêmes. Vous avez été com(me) not(re) bon Dieu.

Gicquel. — Ne blasphémez pas, Niedermann ; vous savez bien qu'il n'y a de bon que le Père seul.

Niedermann. — Moi, j(e) (ne) sais pas c(el)a. J(e) (ne) suis qu'un ancien ouvrier. Je (n)'ai jamais lu l'Evangile. En tout cas, nous au(tres) catholiques nous c(r)oyons aux saints. Eh bien, j(e) dis qu(e) vous êt(es) un saint su(r) la terre. Aussi vous voyez bien que le Ciel (n')a pas voulu qu(e) vous nous quittiez jamais, p(u)isque vous v(oi)là enco(re), au bout d(e) cent ans.

Tenez, j(e) (ne) peux p(l)u(s) parler, laissez-moi vous embrasser !

1) Equivaut au français : pour vivre.

Tous crient. — Bravo ! Niedermann ! Vive notre père ! Vive Gicquel !
(Les mains se serrent).

Gicquel. — Mes amis, mes chers et bons amis. Merci au Conseil Municipal, merci à vous tous. Je savais bien que vous m'étiez profondément attachés, comme à une vieille chose qu'on a toujours vue, et qui finit par faire partie de vous-même. Mais votre manifestation si touchante m'a été au cœur.

Je crois à ce que vous m'avez dit, je crois aussi à ce que vous deviez me lire, mon cher Niedermann ; je crois plus encore à ce que vous n'auriez pas eu l'autorisation de m'exprimer. Car, n'est-ce pas, ce que vous aimez en moi, je le sens bien, c'est surtout le revenant de 1814, c'est votre maire de 1870-71, le vieux et fidèle défenseur de celle dont on nous interdit de parler.

Tenez, puisque nous sommes tous ensemble, bien chez nous, buvons, non pas à moi, ni à nous seulement, mais aussi à Elle, à son relèvement, à sa gloire !

(Il va vers un tiroir, en sort sa vieille écharpe tricolore, se la passe au cou et au cou de Niedermann) :

Nous sommes, quoi qu'on fasse, les successeurs l'un de l'autre. Rattachons le lien qu'on veut rompre. Communions avec Elle !
(Ils lèvent leurs verres).

Tous. — Vive la France !
(Puis tous se précipitent sur l'étoffe et la baisent. L'émotion est au comble, quand tout à coup on entend un aigre bruit de fifres qui passe. C'est le 36ᵉ grenadiers prussien, le régiment de Frantz, qui va en marche dans la montagne.
Ils se redressent).

Strooss. — Chut ! Taisons-nous.
Niedermann. — Ils ne vont pas nous défendre de nous aimer, pourtant !
Houssemand. — Ni de les haïr !
Le Docteur Reiss. — Il vaut tout de même mieux nous séparer dans l'intérêt de M. Gicquel. Il faut vous laisser reposer, mon cher ami. Je ne dois pas oublier que je suis médecin.
(Ils se retirent en silence, après s'être serré la main).

SCÈNE IV

GICQUEL, EMMA

Emma. — Eh bien, père, vous avez été heureux de cette belle journée ?
Gicquel. — Oui.
Emma. — Fier aussi, j'espère ?

Gicquel. — Non. Tous les péchés ont commencé par l'orgueil.
Maintenant, tu vas t'apprêter à aller danser.
Emma. — Donnez-moi la permission !
Gicquel. — Mais tu l'as, tu le sais bien, et même l'ordre, s'il le te faut.
Emma. — Oh, grand-père, en un jour pareil, laissez-nous rester auprès de vous. Vous avez été aux autres, nous vous voulons pour nous, maintenant, pour nous trois
Gicquel. — Mais comment es-tu seule, aujourd'hui, Emma ?
Emma. — Seule ?
Gicquel. — Tu m'entends bien. Frantz ? Pourquoi n'est-il pas ici ? Il assiste à ma fête tous les ans. Vous ne lui avez pas laissé ignorer une pareille cérémonie. Est-ce qu'il lui serait arrivé quelque chose ?
Emma. — Mais non... Il est absent... Il est à Strasbourg pour affaires, pour de longues affaires.
Gicquel. — Ah oui, probablement toujours cette question du canal latéral, qu'il m'a expliquée. Avec les autorités, il faut accepter les rendez-vous quand elles veulent bien vous en donner, même s'ils vous gênent.
C'est que vois-tu, ma chère Emma, ton bonheur est ma seule préoccupation. Même sans écharpe, je voudrais faire encore un mariage avant de mourir.
Emma. — Je suis si jeune, grand-père, je puis attendre.
Gicquel. — Mais moi, je suis si vieux, je ne peux pas.
Ne crois pas que je sois égoïste, Emma. Sans doute, j'aurai du plaisir à voir autour de moi des têtes blondes et frisées, et de ces bons sourires d'enfants épanouis devant un polichinelle de treize sous.
Mais ce n'est pas parce qu'il faut des jouets à ma vieillesse que je te presse, c'est qu'un homme est nécessaire dans cette maison.
Emma. — Mais vous y êtes, grand-père.
Gicquel. — Pas pour longtemps.
Emma. — Catherine est là. Elle est instruite et elle a de l'expérience.
Gicquel. — Sans doute ; mais elle est presque absorbée par la noble tâche qu'elle a entreprise. Oh, c'est beau de la voir corriger les devoirs des petits, et les exercer à parler français. Grâce à elle, notre langue se perpétue ici ; malgré tout ce qu'on fait pour en abolir l'usage. Mais ce rôle la prend tout entière.
Emma. — Elle est tout de même là.
Gicquel. — C'est surprenant que je sois comme obligé de te pousser. Généralement, les jeunes filles pressent, et les parents retiennent ; toi, il semble qu'il te soit venu des hésitations, des craintes, presque des répugnances. Est-ce que Frantz ?...
Emma. — Mais non, mais non. Excusez, bon papa, on a sonné à la porte. Je vais voir qui est là.
Gicquel. — Va.
(Elle sort, on entend un grand cri dans le vestibule).

SCÈNE V

LES MÊMES, FRANTZ (à la porte. Il est en uniforme de soldat allemand)

Emma. — Comment Frantz, c'est toi ! dans ce costume !
Frantz. — Oui, j'ai reçu l'ordre de venir chez vous en tenue, pour l'exemple.
Emma. — Jamais ! N'entre pas. Si par malheur Père te voyait !
(Emma éclate en sanglots. A ce bruit, Gicquel s'est levé, il est allé vers la porte).
Il s'arrête devant le groupe qui est sur le seuil.
Gicquel. — J'entends des pleurs. Qui va là ? Un soldat allemand !
Comment, c'est toi, Frantz !
Frantz. — Mon oncle, pardonnez-moi...
Gicquel (pouvant à peine parler). — Oh ! je ne t'en veux pas, Frantz, je te plains ! Mais pas ici, pas chez nous !... Non ! Va-t-en ! Va-t-en !
(Il étend les bras et le chasse. Puis il porte la main à son front et tombe à la renverse).
Emma (appelant). — Catherine ! Maman ! Un médecin ! Père qui se trouve mal !
(Frantz disparaît.
On ramène le docteur Reiss, qui était encore sur la place. Il met des compresses, fait respirer au malade de l'eau de Cologne.
Au bout d'un instant, le médecin se relève).

Le Docteur Reiss. — Hélas ! l'émotion a été trop forte. C'est fini ! (Cris des femmes).
Madame Grandpierre. — Fini ! Aujourd'hui ! Pauvre père !
Catherine. — Le dernier homme de la famille qui s'en va !
Emma. — Tu peux dire, le dernier pour toujours !

ACTE QUATRIÈME
L'ENTERREMENT

SCÈNE PREMIÈRE

MADAME GRANDPIERRE, CATHERINE, EMMA, puis, NIEDERMANN

(Les femmes ont mis leur châle de deuil, leur voile ; elles sont prêtes).

MADAME GRANDPIERRE. — Arrange-moi un peu mon quatre-doubles, Emma. Il me tire tellement qu'il m'écrase.

EMMA. — Pauvre mère ! Tu es rendue de fatigue et d'émotion.

UNE FEMME (de la porte). — Madame, on demande s'il faut mettre la couronne d'immortelles au-dessus de la croix.

MADAME GRANDPIERRE. — Faites donc comme vous voudrez.

(Entre Niedermann, avec la couronne des anciens ouvriers ; il pleure à chaudes larmes).

NIEDERMANN. — Celle-là, nous l'avons faites nous-mêmes, avec des branches de sapin.

CATHERINE. — L'arbre toujours vert, comme le souvenir du juste.

MADAME GRANDPIERRE. — Mon brave Niedermann, soyez donc assez bon pour la porter au temple vous-même. Le cercueil y est déjà, comme le pasteur l'a demandé. Nous allons y aller aussi.

SCÈNE II

LES MÊMES, LINDEBERG

(On appelle Catherine à la porte du vestibule).

LINDEBERG (1). — Est-c(e) qu'on peut vous parler une minute, mademoiselle ?

CATHERINE. — Je viens (A sa mère). — Allez toujours au temple.

(Madame Grandpierre et Emma sortent).

LINDEBERG. — Vous savez, Mademoiselle, la terre est là, dep(u)is c(e) matin, com(me) vous aviez commandé.

J'ai parti tout de suite, hier dès l(e) matin, pou(r) aller à la frontière. J(e) (ne) voulais pas passer par Prayé, pour (ne) pa(s) qu'on m(e) voye. Arrivé à Framont, j'ai pri(s) à gauche. A huit heures j'étai(s) à la scierie du ruisseau d(e) la Truite. J(e) m'ai caché là toute la sainte journée. Une fois le soir, j'ai rattelé,

mais bon Dieu ! qu(e) ça mont(e) raide, pour arriver aux Hautes-Chaumes ! C'est surtout dans l(e) « rain » (1) du côté d(e) la Blanche-Roche. Heureusement qu(e) ma jument, vous savez, la Rousse, (il n')y en a pa(s) une pareille dans les côtes. On dirait que d(e) grimper, c(el)a l(u)i donn(e) du vent. Pour rev(e)nir, malgré qu'(e) mon tomb(e)reau était chargé jusqu'au bord, j'ai descendu d'une traite, au trot, presq(ue) sans serrer ma mécanique.

CATHERINE. — De sorte que tu as pu tout faire sans être vu ?

LINDEBERG. — Oui. Ah, j(e) m'ai dépêché, par exemp(l)e ! J'étai(s) ici su(r) l(e) coup d(e) t(r)ois heures. Et vous pouve(z) êt(re) sûre qu(e) c'en est, d(e l)a vraie terre de France, d(e l)a belle et d(e l)a bonne ! et qu'i(l) n'y en a assez.

CATHERINE. — Il en faut si peu pour couvrir un homme !... Pauvre grand-père ! Son dernier vœu sera exaucé. Il reposera en terre française. Tiens, voilà tes dix marcs, comme convenu.

LINDEBERG. — Merci bravement, Mademoiselle. (Après un silence) — J(e ne) voudrais pas avoir l'air d(e) vous d(e)mander un tringelte (2), dan(s) une occasion comme ça. Malgré ça, si ce s(e)rait un effet de vot(re) bonté, vous m(e) rallongeriez un peu ma pièce, rapport que j'ai dû m(e) faire aider par le grand Schmitlin, le « sagard » de la scierie, là-haut.

CATHERINE. — Le grand Schmitlin ! Tu l'as mis dans la confidence ?

LINDEBERG. — C'est-à-dire que, quand j'étais chez eux, i(l) m'a dit comme c(el)a : Veux-tu qu(e) j'aille avec ? J'ai accepté, sans rien (lu)i dire autrement. J'y ai seulement conté que j(e) v(e)nais pou(r) avoir d(e) la terre de bruyère.

CATHERINE. — Je suis inquiète de penser qu'un pareil individu est dans notre secret. Il a bien dû se douter qu'on ne va pas la nuit chercher de la terre de bruyère. En outre, il te l'a vu rentrer au cimetière.

Tu n'as rencontré personne d'autre ? Pas de douaniers, rien ?

LINDEBERG. — Non. A part un grand coq de bruyères q(ue) j'ai fait l(e)ver ave(c) sa rousse et un grianneau, j(e) (n')ai vu ni une bête, ni un homme.

CATHERINE. — Tiens, regarde, qu'est-ce qu'il fait là, ce Schmitlin ?

---

(1) Ce personnage, tout à fait inculte, parle le français local, fortement teinté de dialecte.

(1) Côte.
(2) Pourboire.

Lindeberg. — Il m'attend, parbleu, pou(r) qu(e) j(e) l(u)i paie une bouteille. Il est comme moi ; sauf vot(re) respect, Mademoiselle, i(l) (n')a rien dans le vent(re) dep(u)is hier soir.

Catherine. — Tiens, Lindeberg, voilà seize marcs, cela fait juste vingt francs. Es-tu content ?

Lindeberg. — Oh oui ! merci, Mademoiselle.

Catherine. — Merci, Nicolas. Pourvu qu'il n'en soit rien venu à leurs oreilles !

SCÈNE III

(La scène représente un cimetière. Nombreux monuments en pierre. Des croix. La stèle des Gicquel est très simple, toute nue, avec une urne sur laquelle est jeté un drap.
La fosse est ouverte. Le pasteur, tête nue, parle à la foule, très serrée. Tous les gens de l'avant-veille sont présents).

Le Pasteur Froehly. — Qui eût pu penser, mes frères, que les fleurs apportées avant-hier au vénérable vieillard que nous pleurons, devaient deux jours après être jetées sur sa tombe ? Je ne reviendrai pas, pour des raisons de convenance que toute l'assistance comprendra, rappeler le déplorable accident qui l'a ravi à notre respect et à l'affection des siens. Mais le devoir m'impose de dire comment toute sa vie notre regretté frère a été l'honneur de son pays, en même temps que la colonne du temple du Seigneur. A personne mieux qu'à lui ne s'est appliquée la parole de l'Ecriture : « Votre droite est pleine de justice ».

Il avait à peine quinze ans lorsque la France, succombant sous le poids de l'Europe entière, soulevée contre elle, fut envahie par les armées des Alliés. Des corps allemands occupaient la Lorraine. L'amour du pays dicta à nos compatriotes leur devoir. A l'appel de Wolff, les Vosgiens décrochèrent les vieux fusils suspendus au-dessus des cheminées depuis la Révolution. C'étaient les Volontaires de l'Invasion, après les Volontaires de 92. La défense de Schirmeck est une des pages glorieuses de...

Un Gendarme allemand. — Passez sur ces faits, M. le Pasteur.

Le Pasteur. — Comment, passez ? Que voulez-vous dire ?

Le Gendarme. — Je veux dire que vous passiez aux temps qui ont suivi 1871.

Le Pasteur. — Alors, il ne me sera pas permis non plus de parler de l'administration de M. Gicquel à la mairie, de ses bienfaits, de sa fermeté pendant la guerre ? Pourquoi cela ?

Le Gendarme. — J'ai des ordres.

Le Pasteur. — Des ordres de qui ?

Le Gendarme. — Des ordres formels.

Le Pasteur. — Mais la prédication est libre.

Le Gendarme. — Oui, tant que nous ne la jugeons pas séditieuse.

Le Pasteur. — Il n'y a rien de séditieux à célébrer nos gloires, tant que les statues de Ney et de Kléber sont debout à Metz et à Strasbourg. Au reste, l'empereur lui-même a encouragé notre fidélité ; il nous a permis, commandé même de respecter le passé. A Metz, il a laissé subsister la Porte Serpenoise en souvenir d'autrefois, comme l'indique expressément une inscription, mise sur son ordre.

Le Gendarme. — Les prêtres doivent enseigner de rendre à César ce qui est à César.

Le Pasteur. — Notre Seigneur a seulement voulu dire « Payez l'impôt à César ». Nous le lui payons, fidèlement.

Le Gendarme. — Je ne sais pas la théologie. Obéissez.

Le Pasteur. — Eh bien, au nom du Dieu de paix, soumettons-nous encore une fois, mes frères ! Offrons ces épreuves à Christ, qui a souffert par Pilate !

Voix dans la foule. — Nous ne sommes pas des esclaves, tout de même !

Le Gendarme. — Non, mais vous êtes des annexés.

Le Pasteur. — Respectez le deuil de tout un peuple.

Cris dans la foule. — C'est honteux !

Le Pasteur. — Mes frères, prions.

Notre Père, qui es au Ciel, que ton nom soit sanctifié...,

(Il récite à voix basse le Pater en français, puis termine à haute voix) :

Délivre-nous du mal. Ainsi soit-il.

Cris dans la foule. — Délivre-nous des Prussiens !

(Le pasteur fait mine de jeter une pelletée de la terre française sur la fosse).

Le Gendarme (l'arrêtant). — Pas celle-là !

(Le tumulte grandit).

Voix dans la foule. — Si, si !

Qu'est-ce qu'il y a encore ?

Alors, on cherche des querelles aux morts !

C'est ici un lieu de paix !

Etre libres, ou mourir !

(Une voix puissante, qui est celle de Houssemand, entonne soudain) :

Contre nous de la tyrannie,
L'étendard sanglant est levé !

(Toute la foule furieuse reprend en chœur le second vers, puis continue la Marseillaise).

Le Gendarme (s'éloignant). — Je vais faire mon rapport à mes chefs.

(La foule se précipite sur la terre, couvre le mort, et se partage les couronnes).

La toile tombe.

ACTE CINQUIÈME
LA GUERRE DE DÉLIVRANCE
(Quinze ans plus tard. Août 1914)

SCÈNE PREMIÈRE
MADAME GRANDPIERRE, CATHERINE, EMMA

Emma. — On ne sait rien, c'est terrible. Nous sommes murés ici comme des mineurs dans leur galerie, après un coup de grisou. Ils entendent le rappel, en collant leur tête au mur ; ils sentent qu'on travaille pour venir jusqu'à eux. Mais cent mètres de pierre et de terre les écrasent. Viendront-ils ?

Catherine. — Oui, ils viendront ! Et en tous cas, nous savons qu'il y a la guerre ! Depuis plus de quarante ans que l'Alsace l'attend !

Madame Grandpierre. — Prions et espérons, mes enfants.

Mais que va-t-il advenir de nous, qui sommes le champ de bataille ? Pauvre Alsace !

Emma. — Tu sais que c'est bien vrai, qu'ils ont fusillé le maire de Saales.

Madame Grandpierre. — Pourquoi ?

Emma. — Mais, pour rien, pour faire le mal, suivant leur habitude.

Catherine. — Oh ! cette rage de sauvage et de brutes !

Madame Grandpierre. — Calme-toi, Catherine, je t'en supplie. Tu sais bien qu'un mot peut nous perdre.

Catherine. — Qu'importe ! Oh, la ruine, la mort ! Oui, nos biens, notre vie, notre sang, donnons tout en holocauste, mais qu'ils soient chassés comme des loups ! Délivrance ! délivrance !

Emma (regardant par la fenêtre). — Tiens, on dirait les cousins Marchal de la ferme du Bambois.

Elle sort par la porte du vestibule).

SCÈNE II
LES MÊMES, LES MARCHAL

(Le père, cinquante ans environ. La femme, du même âge. Une jeune femme de vingt-cinq ans. Trois enfants, un de six ans, un de trois ans, un autre de quelques mois. La jeune femme pousse la voiture de l'enfant, sur laquelle est posé un petit sac. La mère a sur le dos un paquet en bandoulière. Le père porte quelques affaires au bout de son bâton ferré).

Emma. — Où allez-vous ?

Marchal. (1) — J(e ne) - sais pas. D(e)vant nous. On n(e) sait p(l)us c(e) qu'on fait.

Madame Grandpierre. — Vous arrivez du Bambois ?

Madame Marchal. — Oui, on s'est sauvé avec ce qu'on a pu.

Madame Grandpierre. — Et où allez-vous ?

Madame Marchal. — Je ne sais pas non plus. Où on pourra. Chez vous, si vous voulez bien ?

Madame Grandpierre. — Entrez toujours, on s'installera de son mieux, jusqu'au moment où il faudra peut-être aussi que nous prenions la fuite, à notre tour.

(Ils entrent).

Emma. — Ils vous ont donc chassés ?

Madame Marchal. — Dites que nous avons été contents de pouvoir leur échapper. J'ai vu le moment que nous étions tous perdus.

Marchal. — Quand il(s) ont vu les marmots, i(ls) nous ont d(e)mandé où le père était. Naturellement, nous (n')avons pas répondu. Nous (n')pouvions pas dire qu'il étai(t) en France. Mai(s) il(s) ont bien compris. Il(s) étaient dans une colère ! I(ls) s(e) sont mis à dehallemander (2), à nous dire des laidures de toutes les couleurs. (Il) y en a un grand roux qui a pris l(e) pauv(re) petit là, qui n'a qu(e) t(r)ois ans, et qui a voulu l(u)i passer sa baïonnette dans l(e) corps. Vous pensez si ma femme a poussé un cri ! Le p(e)tit hurlait de peur. Alors (il) y a un chef qui e(st) arrivé. I(l) paraît qu(il) n')était pas si féroce que les aut(res). Ou bien, il a pensé aux siens. Toujour(s) est-i(l) qu'i(l) nous a dit : « Allez-vous en vite ou j(e ne) réponds pas de vot(re) vie. » A peine si on a pris l(e) temps d(e) ramasser que(l)qu(es) nippes, et on a filé par la rabaissée (3), pour qu'i(ls) (ne) nous voient pas.

---

(1) Marchal, qui est du peuple, parle le français dialectal du pays.
(2) Parler allemand.
(3) Petit hangar bas, accolé aux maisons.

— 19 —

Madame Grandpierre. — Et la ferme ?

Madame Marchal. — Oh, la ferme ! Quand nous nous sommes retournés dans la colline (1) pour regarder, tout flambait. Qu'est-ce qu'on va tous devenir ?

Emma. — Les enfants ont peut-être faim ?

Madame Cuny. — B(i)en sûr, les pau(vres) râces (2). Ils n'ont mangé qu'une coye (3) de pain et de fromag(e) dep(u)is c(e) matin. (Elle se déboutonne et s'apprête à donner le sein à son bébé). Encore c(el)ui-là, il a ce qu'i(l) l(u)i faut. Pourvu que j(e ne) perd(e) pas mon lait au milieu de tout ça !

Madame Grandpierre (la prenant par le bras). — Venez là-haut, cousine, vous serez mieux. On va voir comment on pourra faire pour vous coucher, et puis vous allez prendre quelque chose. Vous ne montez pas cousin ?

Marchal. — Oh, non, merci, j(e) (n')ai pas faim !

SCÈNE III
CATHERINE, MARCHAL

Catherine. — Alors, c'est vrai qu'on se bat là-haut, du côté du Hans ?

Marchal. — P(l)us si loin, Catherine, c'est mém(e) là, j(e) pense, c(e) qui fait qu'i(ls) sont si furieux. Il(s) on(t) été repoussés de tous les côtés.

Catherine. — Il me semblait en effet que la fusillade se rapprochait. Depuis hier on entend le roulement plus distinctement.

Marchal. — Les Français son(t) arrivé(s) à la fois par le col de Saales, par le Hans et par Prayé. Il(s) ont tout balayé devan(t) eux. I(l) paraît qu'i(ls) on(t) une artillerie terrible. C(e n')est p(l)us comme aut(re)fois. C'est des rafales de coups secs : rac, rac, rac.

Un homme du pays qu(e) j'ai rencontré à la Basse du Rupt, et qui s(e) sauvait comme nous, m'a raconté qu'à St-Blaise, dans le fond de la vallée, les cadav(res) prussiens son(t) en tas, et qu'i(ls) forment des vraies murailles. La gorge e(st) étroite à l'endroit-là, comme vous savez. Or, i(l) paraîtrait que ceux qui battai(ent) en retraite de Saulxures se sont heurtés cont(re) ceux qui rev(e)naient de Saales et de Bou(r)g-Bruche. Il(s) n'ont pas pu s'écouler tous. Alors les obus français s'ont mi(s) à tomber.

Il(s) abattaient les rangs comme la faux fait des andains dans l'herbe, à chaque enjambée du faucheur. Les Prussiens (n')auraient même pas r(e)trouvé leur drapeau.

La Bruche charrie des files de cadavres. Ça, j'en ai vu. Au barrage d'une usine, là-haut, (il n')y en a d'arrêtés les uns cont(re) les aut(res) comme les bûches de bois quand on fait la bôlée (1).

Madame Grandpierre (rentrant). — Seigneur, quel carnage ! Et cela ne fait que commencer !

Catherine. — Bravo, bravo ! Pourvu qu'ils ne reçoivent pas de renforts !

Madame Grandpierre. — Vraiment, cousin, vous ne voulez rien prendre ?

Marchal. — Non, merci. J(e ne) fais pas d'âties (2) vous savez. Mais j(e) suis fatigué, et si vous voulez b(i)en, je va(is) aller m'étend(r)e, j(e ne) dis pas dormir. On (ne) dort p(l)us dans des heures pareilles.

Seul(e)ment, mettez-moi n'importe où, nam ! (3) (ne) vous dérangez pas pour moi.

(Madame Grandpierre, Catherine et Marchal sortent).

SCÈNE IV
EMMA seule

(On entend passer un régiment allemand. Des commandements retentissent).

Tritt gefasst ! Links ! Rechts !

Emma. — Ce n'est plus le pas de parade, mais c'est toujours la même discipline inflexible. Au pas ! Gauche ! Droite ! Ces gens-là doivent mourir alignés.

(Elle reste silencieuse pendant que le bruit s'éloigne).

SCÈNE V

(On sonne au dehors. Après que la porte extérieure a été ouverte, on entend un coup sec à la porte du poile. Presque aussitôt paraît Frantz, en officier allemand. Il a un papier à la main).

EMMA, FRANTZ

Frantz. — Bonsoir.

Emma. — Toi !

Frantz. — Oui. Cela t'étonne ! Après plus de quinze ans passés sans nous revoir !

(D'une voix sombre) : Je viens loger chez vous. Par

---

(1) On appelle ainsi, dans le pays, non une colline mais le fond en pente qui sépare deux côtes voisines.
(2) Petits enfants.
(3) Un morceau.

(1) Flottage à bûches perdues.
(2) Vieux mot, conservé en lorrain, qui signifie manières, façons.
(3) Abréviation d'une locution patoise qui signifie n'est-ce-pas.

faveur spéciale, vous n'aurez point d'autres soldats.

Emma. — La faveur sera de te loger ?
Frantz. — Oui, voilà mon billet de logement.
(Emma lit).
Emma. — Je vais appeler Maman.
Frantz. — Non, reste, Emma ; j'ai à te parler.
Emma. — A moi ? Il y a longtemps que nous n'avons plus rien à nous dire.
Frantz. — Crois-tu ? Jusqu'il y a quinze jours, peut-être ; mais maintenant, si tu savais !
Tiens, écoute. Ce billet, oui, c'est vrai, c'est moi qui l'ai exigé à la mairie, mais pas pour vous vexer, non, pour avoir le droit, l'occasion, si vous aimez mieux, d'entrer ici, de vous revoir, à cette heure où ma raison sombre.
Auparavant la guerre n'était qu'un cauchemar lointain. On n'y croyait pas, on ne voulait pas y croire. On se soumettait au service militaire comme à une corvée inévitable. Puisqu'il le fallait, on faisait son année, on l'endurait, on la patientait.
Mais maintenant, il ne s'agit plus d'exercice, ni de manœuvres, ni de parade, nous voilà soldats, la tenue de guerre sur le dos, avec de vraies cartouches dans les gibernes, et, pour se défendre, il faudra tirer sur...
Oh ! quand je pense que nous avons devant nous les bataillons de chasseurs de Saint-Dié, que là-dedans, il y a des parents, les amis, les Cunin, les Dietsch, les Hugueny, les Franck.
Non c'est horrible !
Ce casque de cuir pèse plus lourd sur ma tête qu'une chape de plomb. Il me semble que la pointe maudite m'entre dans le crâne, comme un fer de lance.
(Il le jette sur la table devant lui).
Encore, ce n'est rien que ce carcan qui m'étreint, que ces cheveux qui s'enfoncent dans ma peau comme les pointes des cardes dans les rouleaux d'étoffe. Si seulement mon sang pouvait couler, et que mon cerveau décongestionné puisse comprendre, penser, vouloir quelque chose !
Oh, supplice ! Puissé-je être tué à la première décharge !
(Il se jette dans un fauteuil et sanglote).
Emma. — Il faudra que tu restes ici, en bas, pour cette nuit. Il nous est arrivé des réfugiés. Nous n'avons pas de chambre à te donner.
Frantz. — Une chambre, Emma, pourquoi faire ? Un lit ! Du sommeil, des rêves ! des rêves d'horreur, de sang, de crime.

Non, vois-tu, c'est le jour que je dors, debout, en marchant avec mes hommes. Je les commande dans une sorte d'automatisme de somnambule. Mais, une fois que je reprends conscience,.. — Oh ! ma conscience ! — je m'écroule sous le poids de la fatigue et de la honte.
Ce que je viens chercher chez vous, ce n'est pas un logis, Emma, c'est un asile. Dans le désordre de tout mon être, il m'a semblé que cette maison où le Père a vécu serait comme une église, et que, si je n'y entends pas votre voix, j'entendrais peut-être une voix du Ciel.
(Il se jette à genoux).
D'où me viendra donc une lueur dans ma nuit ?
Emma (Elle lui montre le tableau : « la Défense de Schirmeck). —
Regarde ! (Après un instant de silence solennel, elle reprend).
Regarde ! C'étaient aussi des insurgés. Il n'y a pas de loi contre le droit. Il n'y a pas de serment contre la patrie, pas plus que contre Dieu.
Tout ce que les fils de l'Alsace ont pu faire, promettre, jurer contre le droit éternel et imprescriptible, est nul et non avenu. La force contraint, elle n'oblige pas. Vous êtes libres !
Frantz (Après un moment).
(Il se redresse, les yeux toujours fixes). —
Oh, merci ! Je suis sauvé. Oui, le devoir est là ! Faire comme eux. Etre leur fils.
(Après un silence).
Emma, avez-vous toujours les vêtements du père ?
Emma. — Tu le penses bien. Ce sont les reliques de la famille.
Frantz. — Cherche-les moi.
Emma. — Que veux-tu faire ?
Frantz. — Tu vas voir.
(Emma sort.)

SCÈNE SIXIÈME ET DERNIÈRE

FRANTZ, EMMA, CATHERINE,
MADAME GRANDPIERRE.

(Elles apportent des vêtements dans une boîte).
Emma, (ôtant le couvercle).
Tiens, Frantz ; mais tu sais, ils sont sacrés.
(Frantz enlève silencieusement son manteau de guerre et sa tunique. Il passe le pantalon sur le sien, enfile le bout des jambes dans ses bottes, met la blouse et essaie la casquette de loutre).
Frantz. — Quel gaillard c'était ! A quinze ans, il était aussi membré que moi à trente-cinq !

Madame Grandpierre. — Comme tu lui ressembles, Frantz ! Ainsi habillé, il me semble le voir comme je l'ai vu quand j'étais enfant, tel qu'il est sur son daguerréotype. C'est son port, sa carrure, ses traits.

Frantz. — C'est son cœur aussi, ma tante.

(A Catherine) : Ah, tu t'indignais, sans doute, à me voir toucher à la châsse. En effet, il y a une heure, je n'eusse pas osé y porter les mains, ni même le regard. Mais je me sens un autre homme. Ne crains point pour cette sainte dépouille. Au lieu que je souille sa gloire, c'est sa vertu qui me pénètre.

Mon parti est pris, mon plan fait. Aujourd'hui, je dois monter par ces mêmes sentiers où les ancêtres ont passé. Nous devons occuper les abords du Donon, et garder la route d'Abreschwiller. Ils m'ont choisi pour poser les grand'gardes, à cause de ma connaissance du pays. J'en userai... Les avant-postes français ne seront qu'à quelques pas. Sous mes habits de paysan...

Catherine. — Ce ne sera pas déserter, ce sera rejoindre !

Madame Grandpierre. — Et si une sentinelle ?...

Frantz. — Qu'importe ! Au moins je serai mort pour avoir voulu redevenir Français !

Mais non ! Je me vois déjà dans les bras de mes frères, dans leurs rangs. Quel bonheur de retrouver la patrie, et, au lieu de servir par force un maître haï, de combattre pour elle, de lui faire volontairement, avec amour, avec joie, le sacrifice de sa vie !

Oh ! Comment peut-on perdre si longtemps de vue la vérité, parmi le brouillard des mensonges, des sophismes, des calculs, et la voir apparaître tout-à-coup, si lumineuse, sous la forme d'un devoir tout simple, puisqu'il demande l'homme tout entier ?

(Il se tourne vers le tableau. Tous l'imitent). Je suis sûr, Père, que c'est à toi que je dois cette divine clarté ! Un pareil miracle n'eût pas été possible sans ta bénédiction. Et si tu m'as éclairé, c'est donc que tu me pardonnes.

(Dans une véritable hallucination).

Ce rappel que j'entends maintenant si distinct, c'est celui de vos tambours, n'est-ce pas ? Cette voix mystérieuse qui domine tout, commandements, menaces des chefs, cliquetis des revolvers qui s'arment, c'est le cri d'angoisse de la nation, celui que vous aviez entendu, et qui vous avait tous dressés en armes contre l'Allemand. Ce chant, c'est le *Chant de guerre de l'armée du Rhin* ! Voilà Wolff qui renaît, Kléber et Ney qui descendent de leur monument, l'épée à la main, Kellermann, Rapp, Lefebvre, toute l'Alsace et la Lorraine héroïque qui sortent de leur tombe !

Ah ! Le pays entier, de Metz à Mulhouse, les verra et les entendra. Et si quelques-uns ne viennent pas au ralliement, ne les condamnons pas, plaignons-les ! Ce ne seront pas des renégats, ni même des résignés, il n'y en a plus. Ce seront des prisonniers, que leurs garde-chiourmes auront tenus à la chaîne si étroitement qu'ils n'auront pas pu s'échapper. Pitié pour eux !...

Tu pleures, Emma, tu pleures, dans ce jour de réveil et de gloire. Pourquoi ? Ne te souviens plus d'hier. Arrachons-le de nos cœurs. Pensons à demain, à l'avenir !

Emma. — L'avenir ?...

Frantz. — Oui, l'avenir, l'avenir que nous allons faire. Lui seul compte maintenant. Le passé est mort, le passé de défaite et d'esclavage.

Mais ensuite, après la victoire, toi, moi, nous tous, nous allons commencer une autre vie. C'est une ère nouvelle qui s'ouvre. Le bonheur nous refera une jeunesse.

Promets-moi...

Madame Grandpierre. — Emma ne peut rien te promettre, Frantz, ne le lui demande pas.

Frantz. — C'est vrai. Mais vous, ma tante, voulez-vous au moins me permettre de vous appeler ma mère, *comme autrefois* ? Ce nom est si doux !

Madame Grandpierre. — Frantz, tu l'as dit tout-à-l'heure. Le passé est aboli. Une ère nouvelle va commencer. Attendons-la. Méritons-la.

Aujourd'hui, ce que je peux te permettre, et ce que je te permets de tout cœur, c'est de partir avec ces habits d'un héros. Puissent-ils, non seulement te couvrir, mais te protéger !

Emma (se jetant à son cou). — Va, mon Frantz ! et qu'ils te portent bonheur ! J'attendrai que tu nous les rendes avec la seule chose qui leur ait jamais manqué.

Frantz. — Quoi donc ?

Emma. — La croix de la Légion d'Honneur !

LAVAL. — IMPRIMERIE MODERNE, G. KAVANAGH et Cⁱᵉ

www.ingramcontent.com/pod-product-compliance
Lightning Source LLC
Chambersburg PA
CBHW070540050426
42451CB00013B/3101